·青春期自救手册·

# 小心“为你好”的陷阱

[法] 邦雅曼·德尔莫特（Benjamin Delmotte）著
[法] 阿尔弗雷德（Alfred）绘　时征 译

中信出版集团 | 北京

**图书在版编目（CIP）数据**

青春期自救手册 . 小心“为你好”的陷阱 /（法）邦雅曼 · 德尔莫特著；（法）阿尔弗雷德绘；时征译 . -- 北京：中信出版社，2023.9（2024.4重印）
ISBN 978-7-5217-5832-0

Ⅰ . ①青… Ⅱ . ①邦… ②阿… ③时… Ⅲ . ①心理健康－健康教育－少儿读物 Ⅳ . ① G444-49

中国国家版本馆 CIP 数据核字（2023）第 115800 号



**青春期自救手册 · 小心“为你好”的陷阱**

著　　者：[法] 邦雅曼 · 德尔莫特
绘　　者：[法] 阿尔弗雷德
译　　者：时征
出版发行：中信出版集团股份有限公司
（北京市朝阳区东三环北路27号嘉铭中心　邮编　100020）
承 印 者：北京瑞禾彩色印刷有限公司

开　　本：787mm × 1092mm　1/32　　印　　张：1.25　　字　　数：16千字
版　　次：2023年 9月第 1 版　　印　　次：2024年4月第 4 次印刷
京权图字：01-2022-3949
书　　号：ISBN 978-7-5217-5832-0
定　　价：13.80元


服务热线：400-600-8099
投稿邮箱：author@citicpub.com

## “都是为了你好”究竟是为谁好?

让我先来给你举个例子吧。相信很多人都遇到过这样的情况。你因为个人口味问题，觉得某一类食物太难吃了，所以不愿意吃那类食物。你的父母在跟你讲道理时就会告诉你：“吃这个有营养！都是为了你好”你听到这句话的时候能意识到父母的权威，但你内心仍然对此十分抗拒：谁会相信这种令人讨厌的食物能够为你带来……好处呢?

结果可想而知，你仍然固执地不肯吃。此时，当父母再次说出“都是为了你好”这句话时，就不再是为了鼓励和说服作为孩子的你，而只不过是为了说服自己：只要目的是为孩子好，用什么手段都可以。他们可能会生气，也可能会使一些小花招，威逼利诱，软硬兼施，最后连哄带骗地把食物塞进你的肚子里。最终，你倒是把食物吃进去了，但内心很抗拒，这是为什么呢?

“都是为了你好”这句话可以被用在不同的语气之中。一句简单的、充满关怀的建议，也可能会变成权威的理由，甚至是不容置疑的命令。于是,友善和关切便会让位于理性,最终变成约束，甚至某种暴力行为。因此，这句话所体现出的是否都是善意（因为这涉及照顾他人利益）也需要打个问号。

这种不确定性是从哪里来的呢？显然，它来自“好”这个概念本身，因为我们很难赋予它一个绝对的定义。而且如果这个“好”被用来指代幸福，有时也被称为“至善”，那它的定义甚至是无法确定的。

在18世纪的德国哲学家**伊曼努尔·康德**看来，没有人能够“根据某个原则就完全确定什么会使他获得真正的幸福”。此外，这句话的不确定性还来自它可以被用于不同的意图，这其中也包括虚伪。那么，谁才是真正获益的人呢？在这个例子里，是父母想要让孩子受益，这一点不用怀疑。

“‘都是为了你好’有时会掩饰‘都是为了我好’的意图。”

但他们强迫孩子吃下食物，不也是为了他们自己的利益吗？除了希望孩子健康之外，他们难道不想借此确保自己对孩子的权威吗？虽然在这样的情况下，这么说可能有点儿过分，却也不算是吹毛求疵，“都是为了你好”有时会掩饰“都是为了我好”的意图。

其实，在这句话中还包含了一种建立在不同知识和权力基础上的不平等、不对称的关系。当

“当有人跟你说‘都是为了你好’时，是他的知识赋予了他这样说的权力。”

谈到什么对孩子的健康有益时，父母应该比孩子更有发言权。因此，当有人信誓旦旦地表示“都是为了你（或他）好”时，是他的知识赋予了他这样说的权力。

无论是在父母与孩子之间还是在成年人之间，这种不对称总会面临不同的问题，也许会涉及教育、健康或是政治等方面。但在所有这些情

况下，这种不对称能否让听到这句话的人乖乖服从，还有待观察。更权威的人建议、规定或命令我做一件事的时候，我在什么情况下应该听从？我们把讨论范围再扩大一些，在声称是平等和民主的社会中，如何才能证明这种不对称是合理的呢？

## “都是为了你好”是一种关心还是控制？

既然明知道会引起别人的质疑，为什么还要这么说呢？与口口声声说自己知道什么是对别人好相比，每个人都应该更关心自己：为自己谋求利益，而不是试图影响他人的利益。无论如何，假装站在他人的角度，替他人决定什么是为了他好，的确是一件可怕的事。在康德看来，“没有人能强迫我以某种方式获得幸福”。当然，当我们说“都是为了你好”的时候，也并不一定意味着我们想要代替别人选择什么是好的、什么是不好的。这句话也可以表达一种真正的善意，一种对他人的真实关切。不允许人们关心他人，不也是一种很荒谬的行为吗？这等于将社会分化成一个个独立个体，然后再把每个人都困在个人主义和利己主义之中。何况，我们不能完全听任孩子独自决定自己的事情，就像我们不能阻止成年人之间的友谊和善意一样。而且，我们也不能不顾及那些需要建议或希望从他们所欠缺的知识中获得启迪的人。

你知道用什么方法会让你的孩子备受折磨吗？那就是对他百依百顺。

卢梭（法国思想家）

为了避免人与人之间的孤立状态，我们必须思考如何才能在知识不对称的情况下，让每个人都享有同等的自由。任何人都不能也不应该拥有绝对的自主权。不过，要如何才能实现呢？

## 我们为什么要警惕“为你好”的陷阱？

这种不对称在政治和社会领域引发的问题可能是最多的。我们社会中对民主的共识似乎保护我们不受专制的影响，但世界上许多民主国家的民众仍然会被那些自称“知道何为正确”的“强权者”形象所吸引。这样的人们声称自己无可挑剔，能满足公众的各种要求，其实却往往一意孤行，挑战公众自由，排除异己，甚至武断地做出决定。允许这样的领导人上台，我们的自身利益会遭受多大程度的损害呢？让那些认为自己有权单独决定什么对国家有利

> “许多民主国家的民众都会被权威人士的形象所吸引……”

的人掌权，就像是民主在跟自己唱对台戏。

远的不说，法国现行的制度看似很民主，但如果那些自认为更有学识的人太自负或经不起诱惑，那么也会使它遭遇严峻的挑战。最近在制药和健康领域出现的一些丑闻，让我们看到了一些大型企业集团会通过贿赂科学家的方式让他们提供不准确或虚假的专家报告。正如医生和广告商曾经声称香烟对健康有益（尽管有证据表明它有致癌风险）一样，如今在工业和农业中也会使用那些被认为具有致癌性的化学品。换句话说："抽烟吧，吃吧，买吧：这都是为了你好！（至少，这些对你无害。）"此外，广告中的人物经常会披上白大褂，以便更轻易地博取我们的信任。

当然，总有一些事情需要借助专家来引发公众讨论。在 18 世纪时，**卢梭**曾写道："人民总是以他们自己的利益为目标，但他们并不是总能看到自己的利益所在。"不过重要的是，要确保专家在表态时没有被其他因素左右，而且也不能把决定权交给他们。他们应该引导政策评议，而不是让他们的意见成为最终的决策准则；他们应该帮助人们认清公共利益，而不是为私人利益服务。

19 世纪的法国政治思想家**阿历克西·德·托克维尔**认为，即使在民主制度下也可能会诞生专制主义。当一个民主政府以为了人民好的名义而“独断专行地来保障人民的幸福并决定他们的命运”时，它就偏离了正确的轨道。一旦领导者采取一家之长那样的方式来关注民众的利益，就可能会出现这样的情况。

因为，在善意的幌子下，他让他的人民像孩子一样依赖他。在托克维尔看来，不能用家庭的模式来看待国家问题，因为父亲是希望让孩子们最终能独立生活的，而专制者却希望“让他的人民永远都保持孩提时期的心智”。其实，在经济领域也同样面临着这种“柔性”专制主义的风险。自 19 世纪以来，一直存在着一种雇主家长制的经营形式，这也是专制作风所带来的风险。

食物
为你好
药
为你好
柴油
为你好
水
为你好
企业

在 19 世纪下半叶，工人们普遍都过得非常辛苦，但著名钢铁制造商亨利·施耐德却不愿限制他手下工人的工作时长。他认为这种做法可能会让一些“希望”多干活的工人不高兴！

我们注意到，互联网和通信领域的新巨头们在为我们提供各种娱乐（社交网络、视频游戏等）的过程中以一种极具侵入性的方式获取用户的个人数据，在这种时候，专制作风所带来的风险就更加突出了。这些数据被不同的代理商以及在网络上具有影响力的人所利用，他们向我们推荐各种各样的食物、视频、音乐、文章或药物，影响我们的消费、想法和健康。

我们可以在这些集团的高层领导身上找到托克维尔所描绘的专制者的影子，“只要老百姓们想要娱乐”，这些人就会乐于“让他们去娱乐”。但是，这些电子产品源源不断提供给我们的娱乐活动真的对我们有好处吗？

这种数据市场将这些商业需求个性化，越来

越多地涉及个人生活的各个方面。在“都是为了你好”这句话里，“你”这个字眼涵盖了方方面面的含义：越来越有效的算法能够识别出每个人的各种爱好和愿望，这也引出了一个双重问题。

第一，我们的“好”是否可以被简化为我们可能感兴趣的商品的总和？

向我们提供一些我们并不需要的东西，将我们的存在视为潜在的购买机会，这对我们来说真的是一种“好”吗？

第二，我们的个人利益与公共利益或义务之间可能存在矛盾。二者的区别在于：前者是专属于我们的、符合我们的爱好和个性的福利，而后

者却不以个人意愿和喜好为转移，是我们必须要接受的。消费和娱乐让我们回归了自我，但难道不会让我们忽略他人的存在和公共利益吗？尤其是在看起来没有更多限制的情况下。

如今，智能手表等技术设备取代了电脑和电话，它们向互联网巨头们通报我们身体的内部运转情况（血压的数值、燃烧的卡路里、生活的节奏等）。

我们所面临的威胁也许正在由柔性专制主义转变为柔性极权主义：外界可能会借着为了我们“好”的名义，去控制和支配我们的一切。比如，收到改善血压或睡眠的药物建议，或是防止肥胖

在教育孩子的时候切勿使用暴力，要让他们在玩耍的过程中学习。

柏拉图（古希腊哲学家）

“为了你好”
消费
“为了你好”
促销
“为了你好”
促销
“为了你好”
市场
为了
你好
“为了你好”
书店
“为了你好”
购物
为了你好
先生，
您还好吗？
“为了你好”
设计
“为了你好”
沙发
“为了你好”
减价
“为了你好”
餐厅

的饮食建议，等等。

但是，面对这些商业诱惑的“柔性”力量，我们要怎样才能分辨出对自己有用的东西呢？难道个人数据的使用不应该受到公共管控吗？

## “为你好”一定代表想控制你吗？

父母与孩子之间在知识和技能方面存在着天然的不对称性。小动物可能只会在很短的时间内需要它的父母，它们的自立能力在很大程度上是与生俱来的。而孩子则不一样，孩子需要父母。除了适应自然生存环境之外，孩子还要融入特有的文化世界：孩子可能会到不同的地方去，这就需要他们学习其他语言，学会尊重不同的规则和价值观……

因此，孩子的成长需要获取大量的外部知识，这些知识是父母、家庭、朋友、学校、社会和文化部门等共同传递给他们的。这就是为什么“这父母显然并非想要折磨孩子。但是……在许多情况下，他们确实在这么做，并且往往是在不知不觉中。

爱丽丝·米勒（瑞士儿童心理学家）

是为了你好”这句话并不一定代表别人想要支配和控制你。恰恰相反，如果想要支配和控制你，那么让你一直处于无知状态会更好。正如卢梭所写的：“可怜的孩子，他什么都不知道，什么都不会，什么都不懂，这不是任由你摆布吗？”孩子接受的这些知识是为了他自己好，这里所说的“好”可能关乎他的生命（阻止他在七楼的阳台上玩超人游戏是为了他好）、他的健康（试图让他吃一些糖果以外的东西是为了他好）以及他的社会和文化融入（我们把他送到幼儿园或学校，推荐他去看一部**查理·卓别林**的电影，而不是看了百遍的超级英雄电影，这也都是为了他好）。

## “为你好”如何才能真的为我好？

因为存在前面所提到的种种不确定因素，我们更需要了解，我们在以“为你好”的名义教育孩子时，所采取的方式是否都在合理范围内。首先，教育的原则会随时间的推移和孩子的成长而改变，不是所有年龄的孩子都能理解我们禁止或建议他们做什么是出于怎样的原因。其次，有时候我们所说的教育看起来被称为管教更合适。在一些教育类文章中，我们可以看到诸如“只要是为了孩子好，可以对他进行殴打或羞辱”这样的观点。20世纪的德国教育学家**卡塔琳娜·鲁特什科**在讲述一种“黑色教育”时就提到了这个观点。在这种教育中，人们利用“这是为孩子好”这个借口，使教育暴力被合法化。

“从一开始就通过严厉的训诫和棍棒的威慑来禁止孩子的任性行为，他们就会拥有顺从和听话的好孩子，从而让他得到更好的教育。”18世纪德国哲学家和家庭教师**J. 苏尔策尔**写道。于是，“这是为了你好”不再是一个合理合法的教育原则，而是变成了一句让父母可以名正言顺地管教孩子的话语——这种表象可能掩盖许多成见和误解，甚至是反常行为。

今天，我们的社会不再能容忍这样的言论出现。但一定程度的教育暴力仍然存在，有些人仍然会说“这不会伤到他的”或“这是他自找的”这样的话。我们不能仅仅对此感到不满，而是要了解其中的利害关系：一不小心，教育可能就会变成支配控制。

这其中都具体包括哪些内容呢？有时候，人们对孩子和父母身份的认知往往会带着一种宗教或社会的偏见：在“黑色教育”中，孩子不仅需

正人君子是我们今天所能扮演的最好的角色，而伪君子这个身份也有很多意想不到的好处。
莫里哀（法国剧作家）

要学习知识，还需要被不断纠正，甚至会被视为一个满身坏毛病的捣蛋鬼。而父母不仅是照顾孩子并教给孩子知识的人，还会把自己塑造成不会犯错的法官。瑞士儿童心理学家**爱丽丝·米勒**借鉴了卡塔琳娜·鲁特什科的著作之后，认为“黑色教育”将父母变成了“像神一样决定善恶”的“主人”。

换句话说，为了让这句口头禅表达更少的控制欲，父母应该谦虚地认识到自己的弱点和局限性，哪怕他们比孩子更有知识。因为，即使他们

有世界上最好的出发点，也仍有可能犯错。

他们的善意不也常常令人窒息吗？与其小心翼翼地呵护孩子，让他们自己去犯犯错误不是更好？在卢梭看来，“我们在教学中有一个怪癖，总是教孩子一些更适合自学的事”。

父母必须认识到，有时候他们并不能确定怎样做对孩子更好，所以孩子自己必须有发言权。随着年龄的增长，他们自己的意见也会变得越来越重要。

## 如何更好地理解“先苦后甜”？

“先苦后甜”提醒我们，想获得某种好处，需要吃些苦头。但要怎么理解这件事呢？事实上，有时必须要经历艰苦甚至是枯燥的学习，才能获得掌握某种技能的愉悦。要想正确演奏钢琴曲目，需要经过长时间的练习和视唱练耳才行；同样，要想学会游泳，也必须经历很多考验（比如克服将头埋进水里的恐惧，丢掉在水里站不稳的担心，掌握呼吸技巧，等等）。

大多数时候，这种吃苦的必要性是在我们达成目标之后认识到的。那些还在进行音阶练习或是还对跳入游泳池感到恐惧的人，很难想象只有历经艰苦的磨砺才能获得真正的快乐……在这种情况下，我们并不能确定他们是否会听从和尊重那些声称“这是为了你好”的成年人的建议，强迫自己坚持下去。成年人的知识，是他们自己走过这条路、经历过这个学习阶段而获得的，但当他们想把这些传授给他人时却未必能够被接受。

孩子与成年人不仅有知识的不对称，也有经验的不对称。只有亲身经历才能让孩子体会到先苦后甜的含义。我们可以通过举一反三的方式告诉他们：既然曾经吃过的苦为我们带来了现在的快乐，那么我们现在的努力也可以在未来获得成功。

有时候，孩子在听到“这是为了你好”这样

的话时会感到非常痛苦,难道不就是这个原因吗?

此外，如果我们坚持吃苦了，但并不是每次都能获得好处，会不会也让我们怀疑这句话的正确性呢?“这是为了你好”这句话为什么总要我们推迟享受美好呢?为了在遥不可及的未来获得某些好处，我们就必须要接受眼下的不幸……在一些哲学家眼里，宗教所描绘的天堂承诺就是一种带有欺骗性的契约：仅仅是出于对死后能拥有美好生活这一虚构幸福的期待，人们就必须要在人世间接受所有的不幸和贫苦……19 世纪德国哲学家**卡尔·马克思**认为，宗教是“被压迫生灵的叹息”：一边是一个只有“流泪谷”的世界的人发出的痛苦叹息，另一边是相信经历苦难之后可以在另一段生命中享受美好的人的憧憬感慨。可是，只是宗教信仰所勾勒出来的美好未来，就足以让我们接受目前现实中的一切吗?

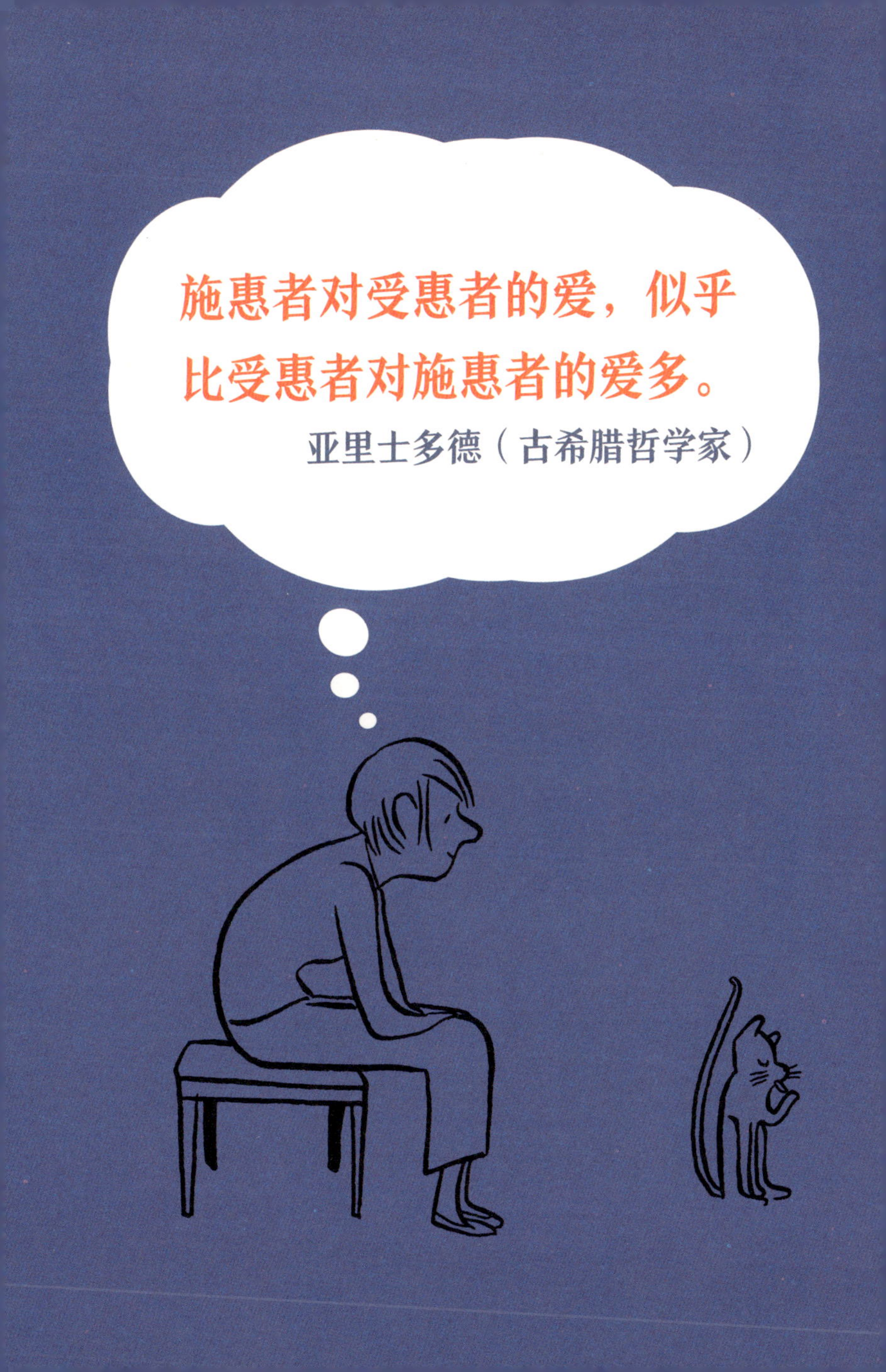
施惠者对受惠者的爱，似乎
比受惠者对施惠者的爱多。
亚里士多德（古希腊哲学家）

因此，在教育中存在着一个悖论：所谓的“好”，就是让孩子在未来能够独立应对一切。但为了实现这个“好”，他们必须遵守成年人反复灌输给他们的某些约束。在康德看来，“教育中最大的问题之一，就是要知道如何将服从规则的约束与行使自由的能力结合起来”。

就拿讲礼貌这件事来说吧，教导孩子拥有正确的行为举止、不信口开河、不因一点挫折就在地上打滚，确实是一件好事。这样可以让他们融入社会之中，并认识到自己的自由不应该对别人的自由造成不好的影响。不过，这个学习的过程往往需要反复的提醒（“不要这么做，也不要那么做”“要有礼貌”“要和对方打招呼”“要对女士说谢谢”……）、警告（“这样不好”“够了”“赶紧停下”……），甚至呵斥（“回到你的房间去”“不许再动这个或那个”）。换句话说，如何在一个

> **如何在一个他律的教学框架内让孩子变得自律?**

他律（指他人强加给我们的规矩）的教学框架内让孩子变得自律?

此外，约束只有在能被转化为内在责任时才是合理的。约束最初往往来自别人的建议或压力，但只有当我们认为它很有必要且愿意接受它时，它才会转变成内在的动力。康德认为，必须向孩子证明“约束他，是为了让他学会如何行使自由；关心他的成长，是为了他有一天能够自由地面对一切,不再需要别人照顾”。

但是这样来界定约束的概念还是不能解决所有问题。我们怎样来判定这个约束确实属于一种责任，而不是一种纪律呢?因为和责任一样，纪律看上去也是一种内部指令。让自己遵守纪律，是将外部约束转化为内在的，并使它最终看起来像是“自然形成的”。

一个孩子因为记起要遵守纪律，最终没有和同学打架，就是由于这个原因。

他可能确实应该学会遵守纪律，但前提是他需要理解这种约束以及它的合理性。如果纪律就是用责罚来规范孩子的行为，它就变成了一种简单的管教行为；这仅仅是形成了一种条件反射，并不是真正的教育。

## 为什么要谨慎地使用“为你好”？

有的时候很难判断什么是合理的责任，什么只是无缘无故的或强迫的约束，特别是当它正在发生的时候。我们因此就能判定教育是不确定的吗？教育的原则无法得到一丁点儿的保证吗？

教育的相对性赋予了知识一种特殊的属性，正是基于这种属性，我们才会说“这是为了你好”，而这句话并不具有科学性。它也许更多地体现出了一种“谨慎”的意味，古希腊哲学家**亚里士多德**对这个词的注解恰到好处：一种与科学知识不同的合理认知，一种总是依赖并适应它所处的环采取一个相反的方法去教导你的学生，让他一直认为是他在做主，而其实始终是你在做主。

卢梭（法国思想家）

境的知识。

> 谨慎，就是在正确的时候，用正确的方式，做正确的事。

谨慎，就是在正确的时候，用正确的方式，做正确的事。

一位教育工作者可能得放弃他的那些固有观念才能成为一个“谨慎”的人，因为他不是一个无所不能的专家，也不能用纯理性的方式去工作，而是要服从自己的情感行事。他必须要思考，当他对孩子提出要求的时候是在要求孩子做什么，并考虑这个要求是否过分。

换句话说，尽管他们的知识不对称，但成年人和孩子同样需要思考和提升。要引导孩子去思考自己的行为，判断别人强加给他的东西是否合理；成年人也应该敢于质疑自己的固有想法，克服自己的偏见。因此，教育孩子也是一个自我教育的机会。

因此，教育工作者必须重新评估他的教育原则，这也是为了他自己好，以便他在说“这是为了你好”的时候能引起共鸣。这句话不是简单的权威结论，而是一个“谨慎”的建议。